Impressum
Verlag: BABADADA GmbH, Nedderfeld 112 , 22529 Hamburg
Geschäftsführer / Verlagsleitung: Harald Hof
Druck: Books on Demand GmbH, In de Tarpen 42, 22848 Norderstedt

Imprint
Publisher: BABADADA GmbH, Nedderfeld 112 , 22529 Hamburg, Germany
Managing Director / Publishing direction: Harald Hof
Print: Books on Demand GmbH, In de Tarpen 42, 22848 Norderstedt, Germany

школа

duɗal

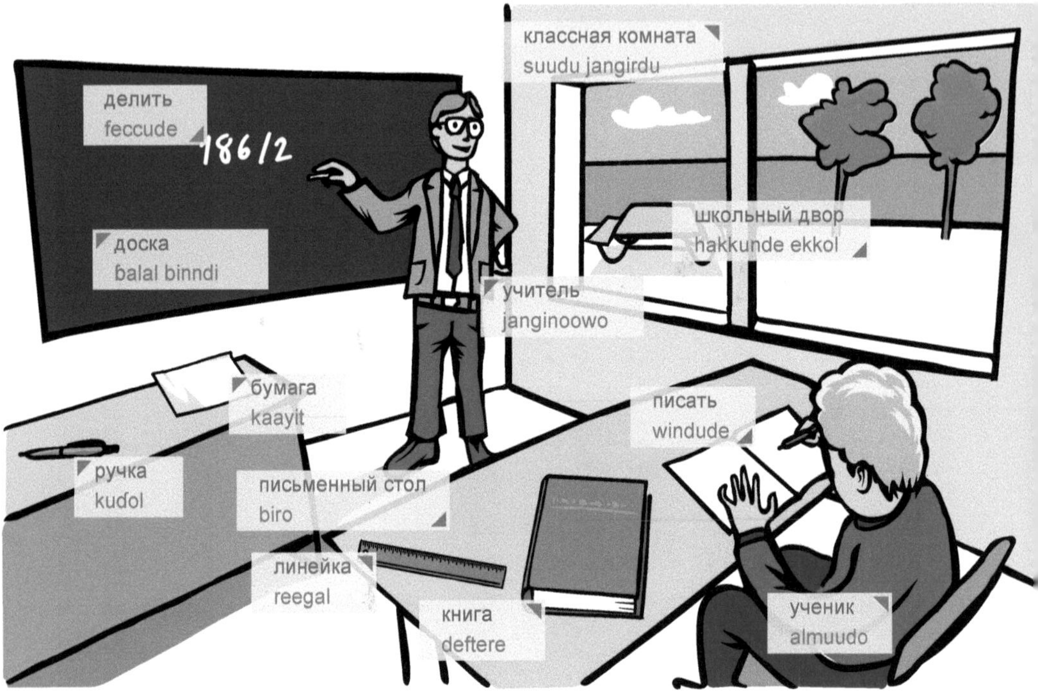

классная комната
suudu jangirdu
делить
feccude
186/2
доска
ɓalal binndi
школьный двор
hakkunde ekkol
учитель
janginoowo
бумага
kaayit
писать
windude
ручка
kuɗol
письменный стол
biro
линейка
reegal
книга
deftere
ученик
almuudo

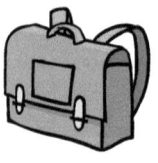

ранец

kartaabal

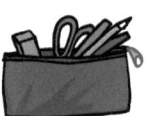

пенал

moftirdo kereyonji

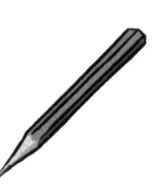

карандаш

kereyo

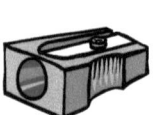

точилка

ceeɓnirgel kereyon

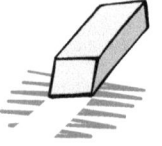

ластик

momtirgel

альбом для рисования

alluwal ciifirgal

рисунок

ciifgol

кисточка

limsere pentirteeɗo

коробка красок

suwo pentirɗo

ножницы

sisooji

клей

ɗakkorgal

тетрадь

deftere ekkorgal

домашняя работа

golle janŋde

цифра

niimara

прибавлять

ɓeydude

вычитать

ustude

умножать

ɓeydude keeweendi

считать

qimaade

буква

bataake

алфавит

karfeeje

слово

kongol

текст

bindol

читать

jangude

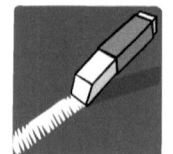

мел

bindirgal

урок

darsu

классный журнал

winditaade

экзамен

egsame

диплом

sartifika

школьная форма

comcol duɗal

образование

janŋde

энциклопедия

ansikolopedi

университет

duɗal jaaɓi haɗtirde

микроскоп

mikoroskop

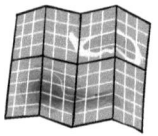

карта

kartal

корзина для бумаг

suwo kurjut

гостиница
otel

Grand

турбаза
obers

ROOMS

пункт обмена валюты
nokku beccugol e neldugol

EXCHANGE

чемодан
waxannde

автомобиль
oto

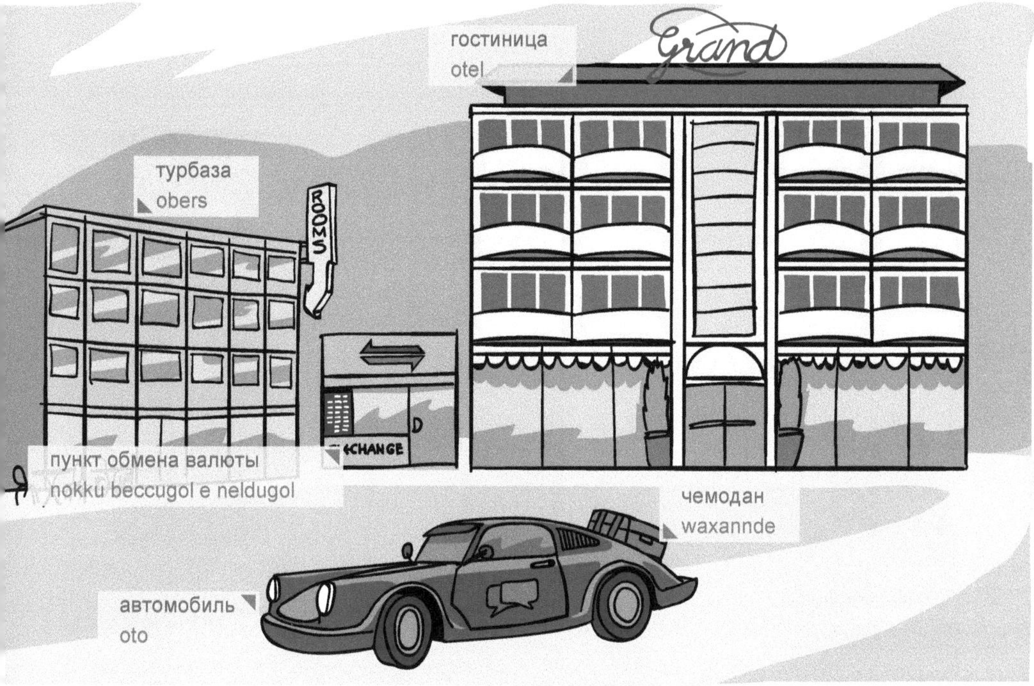

язык
ɗemngal

да / нет
Eey / ala

хорошо
Moyƴi

Привет
mbaɗɗa

переводчик
pirtoowo

Спасибо
A jaraama

Сколько стоит...?

no foti...?

Я не понимаю

Mi faamaani

проблема

hanmi

Добрый вечер!

Jam hiri!

Доброе утро!

Jam waali!

Доброй ночи!

Mbaalen e jam!

До свидания

ñande woɗnde

направление

laawol

багаж

bagaas

сумка

saawdu

рюкзак

saawdu wambateendu

гость

koɗo

комната

suudu

спальный мешок

njegenaaw

палатка

caalel ladde

туристическая
информация
kabaruuji tuurist

пляж
tufnde

кредитная карточка
kartal banke

завтрак
kacitaari

обед
bottaari

ужин
hiraande

билет
biye

лифт
suutde

почтовая марка
tampon

граница
keerol

таможня
duwaan

посольство
ambasad

виза
wiisa

паспорт
paaspoor

транспорт

taraspoor

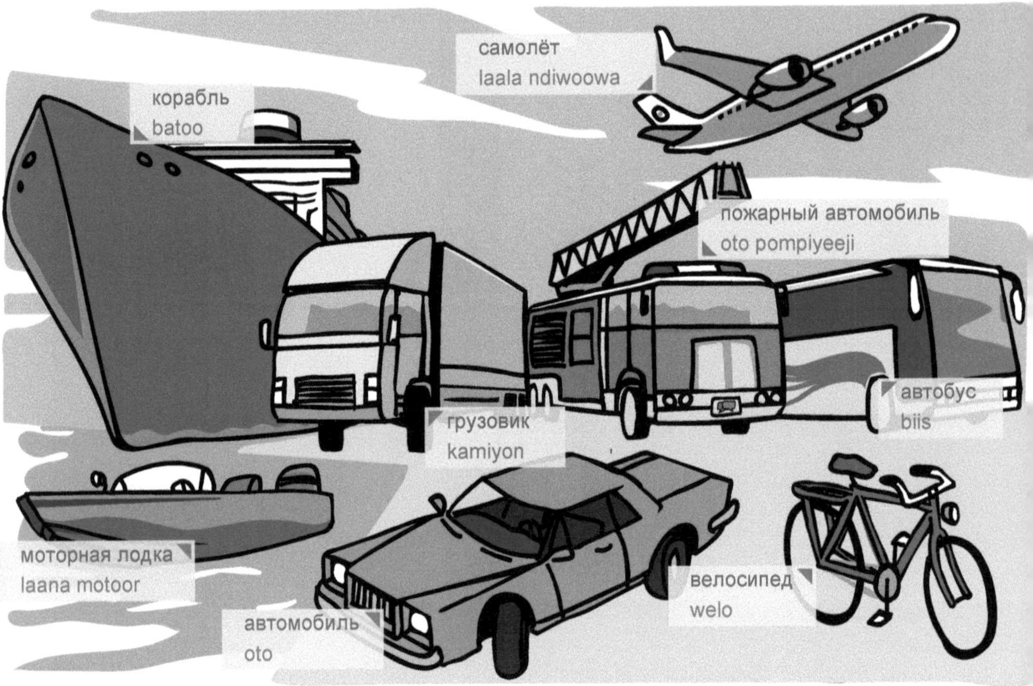
самолёт
laala ndiwoowa
корабль
batoo
пожарный автомобиль
oto pompiyeeji
автобус
biis
грузовик
kamiyon
моторная лодка
laana motoor
велосипед
welo
автомобиль
oto

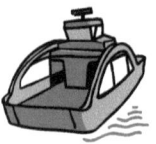

паром

batoo

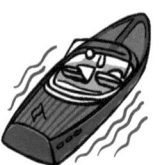

лодка

laana

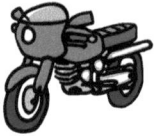

мотоцикл

welo

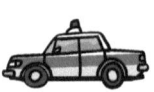

полицейский автомобиль

oto polis

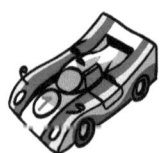

гоночный автомобиль

oto dogirteeɗo

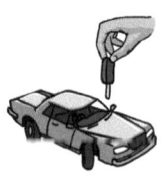

арендованный автомобиль

oto luwateeɗo

совместное пользование
автомобилями

dendugol oto

буксировочный
автомобиль

oto dandoowo goɗɗo

мусоровоз

oto kurjut

двигатель

motoor

топливо

karbiran

заправка

nokku esaans

дорожный знак

tintinooje yaangarta

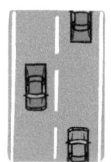

движение

yaa ngarta

пробка

jiibo yaa ngarta

автостоянка

dingiral otooji

вокзал

dingiral laana leydi

рельсы

laabi

поезд

laana leydi

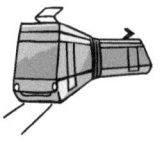

трамвай

laana ndegoowa

вагон

saret

вертолёт

elikopteer

аэропорт

ayrepoor

вышка

tuur

пассажир

wonɓe e laana

контейнер

konteneer

коробка

karton

тележка

duñirgel kaake

корзина

basket

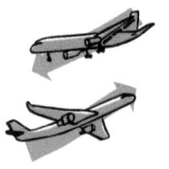

взлетать / приземляться

diwde / juuraade

город

wuro mowngu

деревня

wuro

центр города

hakkunde wuru wowngo

дом

galle

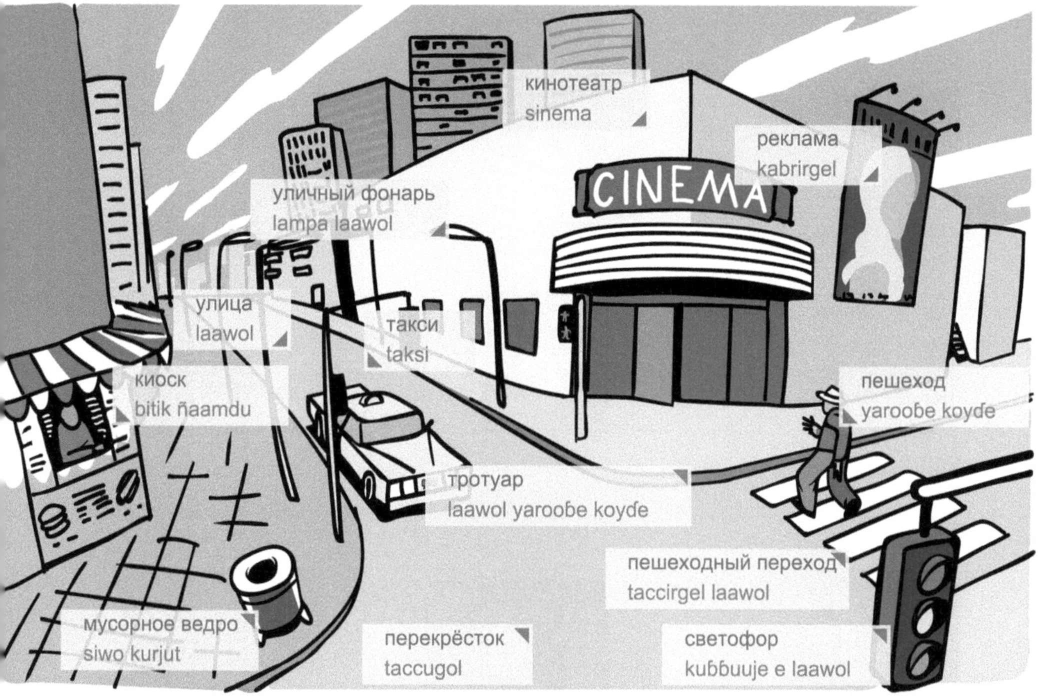

кинотеатр
sinema

реклама
kabrirgel

уличный фонарь
lampa laawol

CINEMA

улица
laawol

такси
taksi

киоск
bitik ñaamdu

пешеход
yaroobe koyɗe

тротуар
laawol yaroobe koyɗe

пешеходный переход
taccirgel laawol

мусорное ведро
siwo kurjut

перекрёсток
taccugol

светофор
kubbuuje e laawol

хижина

tiba

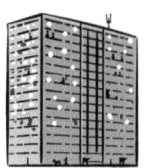

квартира

ko foti

вокзал

dingiral laana leydi

ратуша

meeri

музей

miise

школа

duɗal

университет

dudal jaaɓi hadtirde

банк

banke

больница

suudu safirdu

гостиница

otel

аптека

farmasi

офис

gollirgal

книжный магазин

suudu defte

магазин

bitik

цветочный магазин

jeyoowo fuloraaji

супермаркет

sipermarse

рынок

jeere

универмаг

madase mawdo

торговец рыбой

jeyoowo liddi

торговый центр

nokku coodateedo

порт

poor

парк
park

скамейка
jooɗorgal

мост
taccirgal

лестница
ŋabbirɗe

метро
laawol metero

тоннель
laawul les leydi

автобусная остановка
fongo biis

бар
baar

ресторан
restora

почтовый ящик
buwaat postaal

табличка с названием улицы
lewñowel laawol

паркометр
to otooji ndaroto

зоопарк
nokku kullon

бассейн
pisin

мечеть
jama

город - wuro mowngu

ферма
ngesa

загрязнение окружающей
среды

gakkingol hendu

кладбище
bammule

церковь
egiliis

детская площадка
dingiral

храм
tampl

ландшафт

yiyande taariinde

лист
baramlefol

дорожный указатель
tugayal tintinirgal

дорога
laawol

луг
Huɗo sukkuko

камень
haayre

путешественник
ŋayloowo

дерево
lekki

река
maayo

трава
huɗo

цветок
fuloor

долина

nokku kaañe mawɗe to
ndiyam dogata

гора

waande

озеро

weedu

лес

ladde

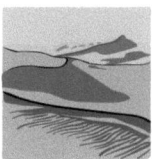

пустыня

ladde yoornde

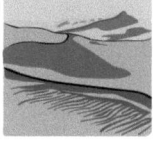

вулкан

wolkan

замок

satoo

радуга

timtimol

гриб

sampiñon

пальма

leki palm

комар

ɓowngu

муха

diwde

муравей

njabala

пчела

mbuubu ñaak

паук

njabala

жук

hoowoyre keppoore

лягушка

faabru

белка

doomburu ladde

еж

sammunde

заяц

fowru

сова

pubbubal

птица

colel

лебедь

kakeleewal ladde

кабан

mbabba tugal

олень

lella

лось

Nagge nde galladi cate

плотина

baraas

ветряной генератор

masiŋel battowel hendu jeynge

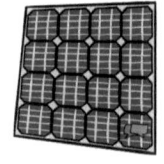

солнечная батарея

Lowowel nguleeki

климат

kilima

ресторан
restora

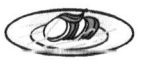

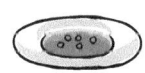

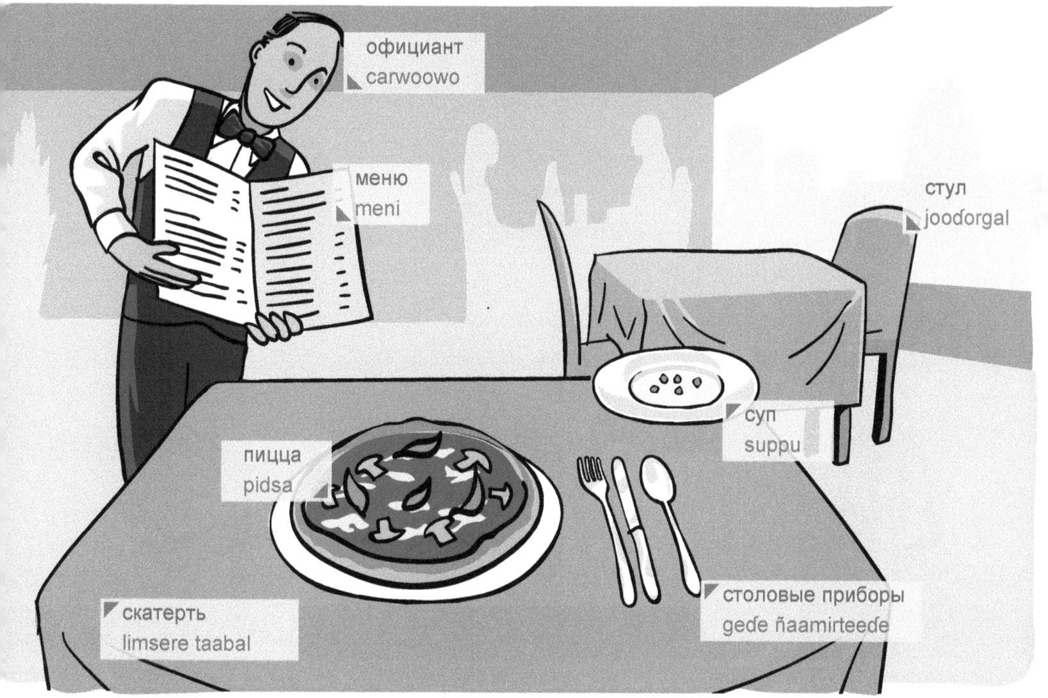

официант
carwoowo
меню
meni
стул
joodorgal
суп
suppu
пицца
pidsa
столовые приборы
gede ñaamirteede
скатерть
limsere taabal

закуска

tongitirgel

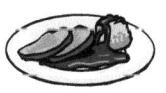

главное блюдо

ñaamdu nguraandi

десерт

tuftorogol

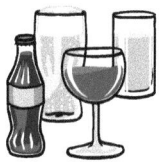

напитки

njaram

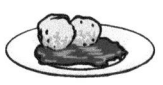

еда

ñaamdu

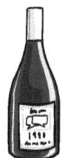

бутылка

butel

фастфуд

fast fud

уличная еда

ñaamdu laawol

чайник

baraade

сахарница

cupayel suukara

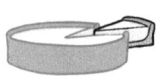

порция

geɗel

кофеварка

Masinŋ kafe

детский стульчик

jooɗorgal toowngal

счет

biye

поднос

ñorgo

нож

paaka

вилка

furset

ложка

kuddu

чайная ложка

nokkere kuddu

салфетка

sarbet

стакан

weer

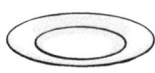

тарелка

palaat

суповая тарелка

palaat suppu

блюдце

cupayel

соус

soos

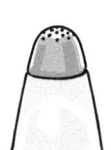

солонка

pot lamɗam

мельница для перца

moññirgal poobar

уксус

bineegara

масло

nebam

специи

kaaɗnooje

кетчуп

ketsap

горчица

muttard

майонез

mayonees

супермаркет

sipermarse

специальное предложение
ngustugul coggu
FOR
покупатель
kiliyaan
молочные продукты
kosameeje
фрукты
ɓikkon leɗɗe
тележка для покупок
daasirgel

BUTCHERS

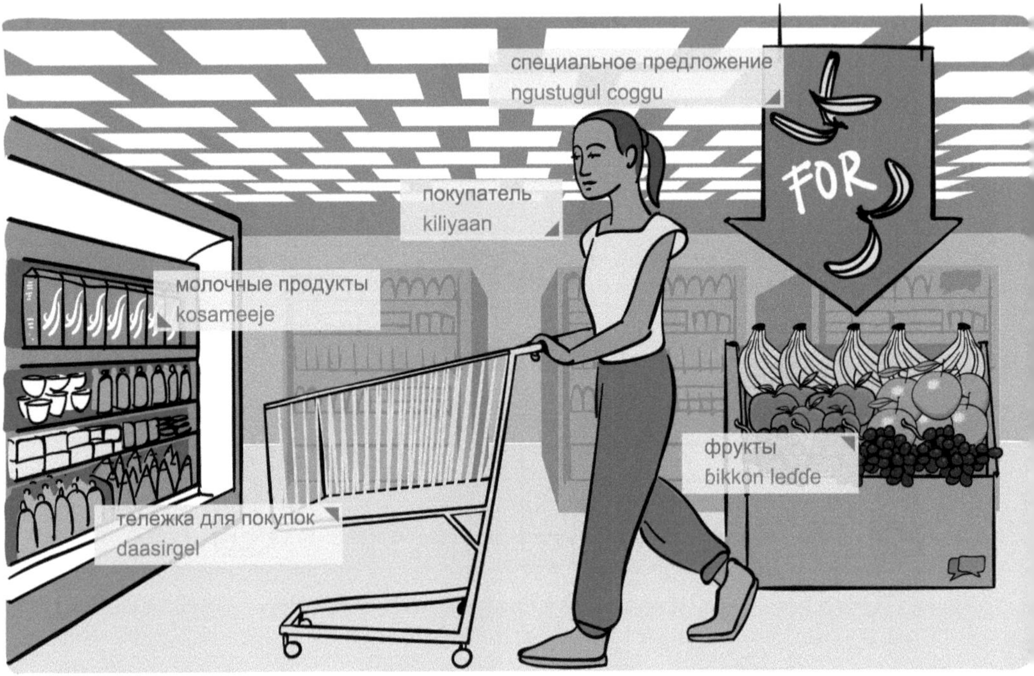

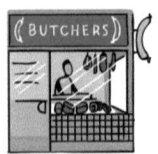

мясной магазин

jeyoowo teew nagge

BAKERY

пекарня

juɗoowo mburu

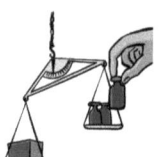

взвешивать

ɓetde

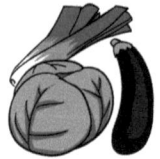

овощи

lijim

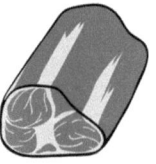

мясо

teew

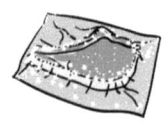

быстрозамороженные продукты

ñaamdu ɓumnaandu

нарезка

teew moftaaɗo

консервы

ñaamdu nder buwat

стиральный порошок

condi lawyirteendu

сладости

bonboonji

предмет домашнего обихода

geɗe ngurdaaɗe

моющее средство

porodiwiiji laaɓnirni

продавщица

julaaajo

касса

haa

кассир

kestotooɗo

список покупок

limto coodateeɗi

время работы

waktuuji golle

бумажник

kalbe

кредитная карточка

kartal banke

сумка

saak

полиэтиленовый пакет

saak dalli

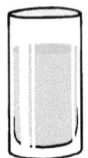

вода

ndiyam

сок

njaram

молоко

kosam

кока-кола

ŷulmere

вино

sangara

пиво

sangara

алкоголь

sangara

какао

kakao

чай

ataaya

кофе

kafe

эспрессо

kafe jon jooni

капучино

kafe italinaabe

банан

banaana

яблоко

pom

апельсин

oraas

арбуз

dende

лимон

limonŋ

морковь

karot

чеснок

laay

бамбук

lekki bambu

лук

basalle

гриб

sampiñon

орехи

gerte

лапша

espageti

спагетти

espageti

рис

maaro

салат

salaat

картофель фри

firit

жареный картофель

faatat cahaaɗo

пицца

pidsa

гамбургер

amburgeer

сэндвич

sandiwis

шницель

buhal baddangal e lijim

ветчина

buhal teew

салями

kaane biyeteeɗo sosison

колбаса

sosis

курица

gertogal

жаркое

defaɗum

рыба

liingu

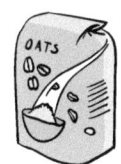

овсяные хлопья

ndefu gabbe kuwakeer

мюсли

njilbundi aɓuwaan e gabbe goɗɗe

кукурузные хлопья

kornfelek

мука

farin

круассан

kurwasa

булочка

pe o le

хлеб

mburu

тост

mburu juɗaaɗo

печенье

mbiskit

масло

nebam boor

творог

kosam kaaɗɗam

пирог

gato

яйцо

ɓoccoonde

яичница

moccoonde fasnaande

сыр

foromaas

мороженое

kerem galaas

сахар

suukara

мёд

njuumri

мармелад

teew nagge

крем с нугой

nirkugol sokkola

карри

suppu kaane

ферма

ngesa

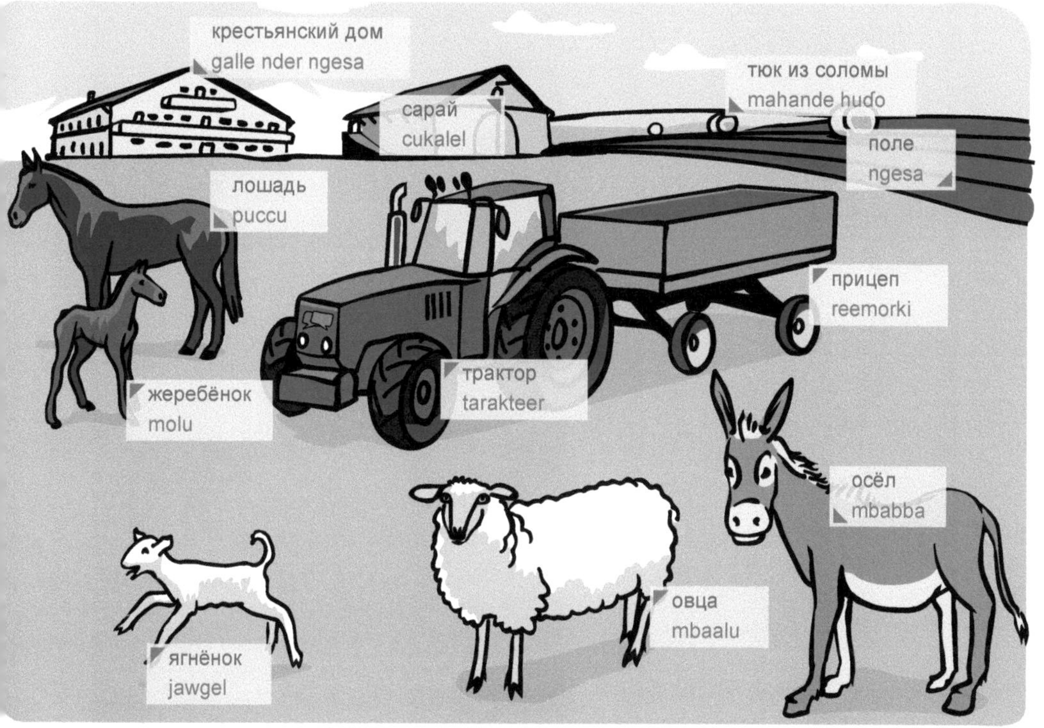

крестьянский дом
galle nder ngesa
сарай
cukalel
тюк из соломы
mahande hudo
поле
ngesa
лошадь
puccu
прицеп
reemorki
трактор
tarakteer
жеребёнок
molu
осёл
mbabba
овца
mbaalu
ягнёнок
jawgel

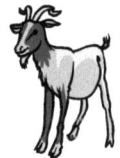

коза

ndamdi

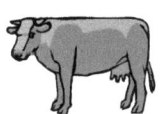

корова

nagge

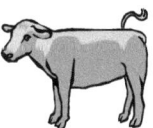

телёнок

mbeewa

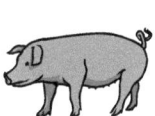

свинья

mbabba tugal

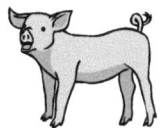

поросёнок

ɓingel mbabba tugal

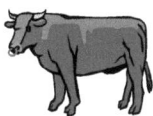

бык

ngaari ladde

гусь

jarlal ladde

утка

gerlal

цыплёнок

cofel

курица

jarlal

петух

ngori

крыса

doomburu

кошка

ullundu

мышь

doomburu

вол

nagge

собака

rawaandu

конура

nokku dawaaɗi

садовый шланг

tiwo sardin

лейка

doosirgal

коса

wofdu mawndu

плуг

masinŋ demoowo

серп

wofdu

мотыга

coppirgal

навозные вилы

rato

топор

hakkunde

тачка

buruwet

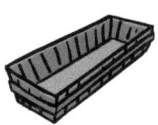

корыто

mbalka

бидон для молока

kosam buwat

мешок

saak

забор

kalasal galle

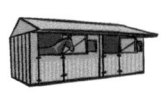

хлев

nokku pucci

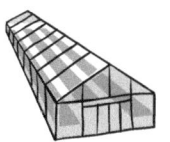

теплица

inexistant

почва

leydi

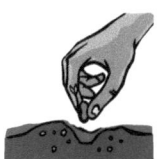

посев

abbere

удобрение

nguurtinooje leydi

комбайн

masinŋ coñirteeɗo

собирать урожай

soñde

урожай

soñde

ямс

ñambi

пшеница

bele

соя

soja

картофель

faatat

кукуруза

maka

рапс

abbere lekki kolsa

фруктовое дерево

lekki firwiiji

маниок

ñambi

злаки

sereyaal

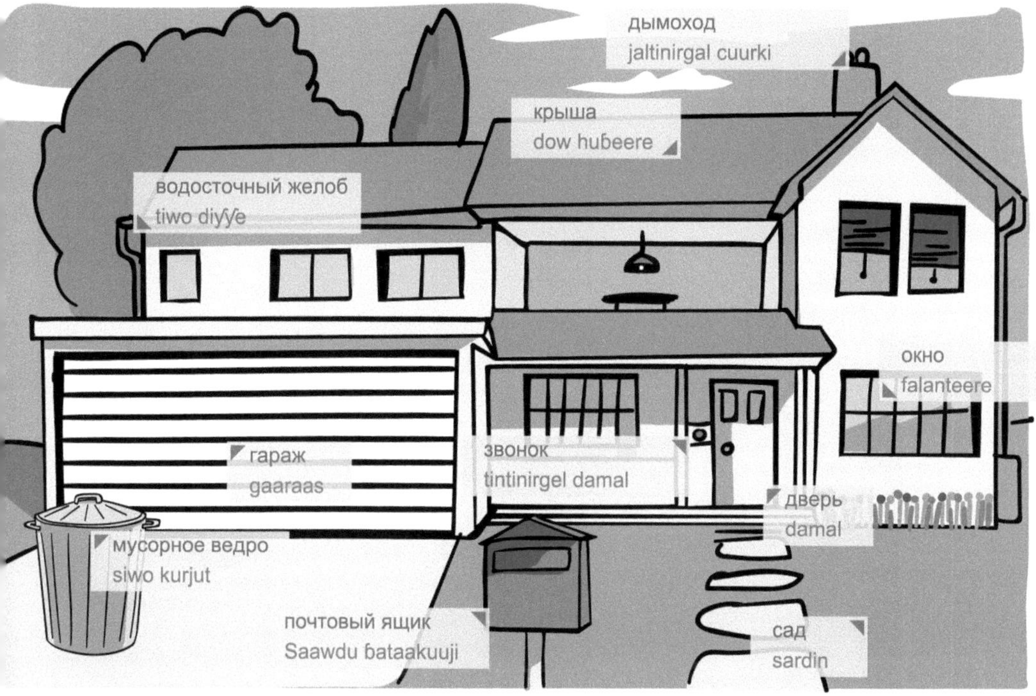

дымоход
jaltinirgal cuurki

крыша
dow hubeere

водосточный желоб
tiwo diyƴe

окно
falanteere

гараж
gaaraas

звонок
tintinirgel damal

дверь
damal

мусорное ведро
siwo kurjut

почтовый ящик
Saawdu bataakuuji

сад
sardin

гостиная

suudu yeewtere

ванная комната

tarodde

кухня

waañ

спальня

suudu waalduru

детская комната

suudu sakaabe

столовая

suudu hiraande

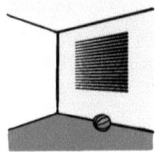

пол

karawal

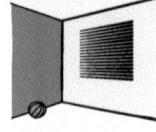

стена

balal

потолок

asamaan suudu

подвал

faawru

сауна

soona e ɗemngal farase

балкон

balko

терраса

teeraas

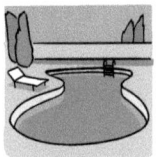

бассейн

pisin

газонокосилка

keefoowo huɗo

пододеяльник

darap

покрывало

darap

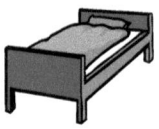

кровать

leeso

метла

pittirgal

ведро

suwo

выключатель

ñifirgel

гостиная
suudu yeewtere

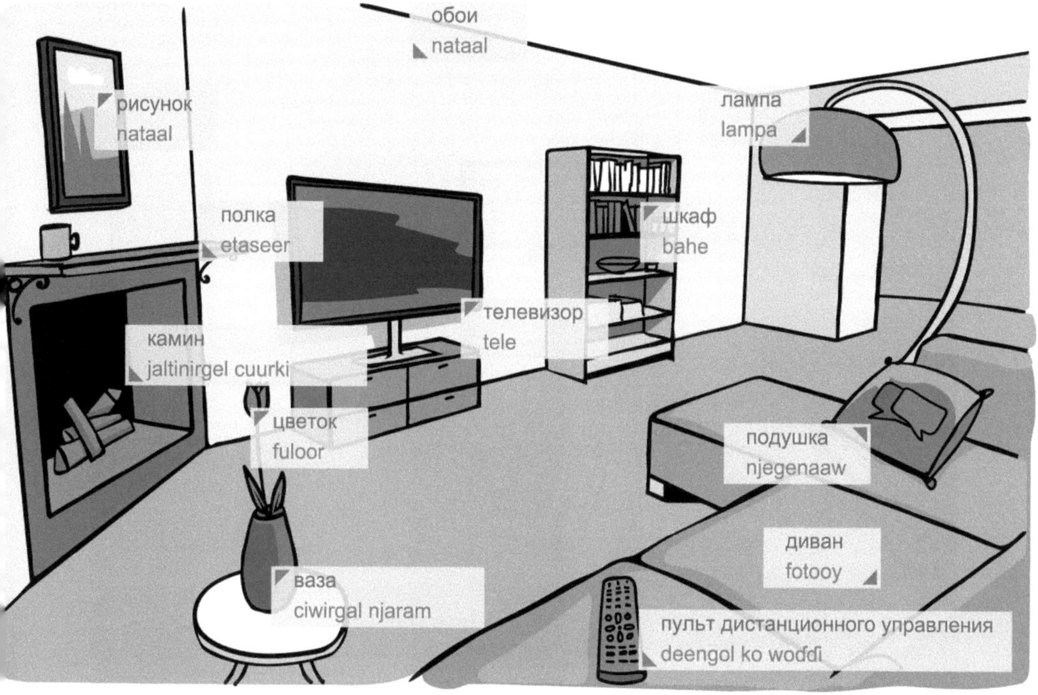
обои
nataal
рисунок
nataal
лампа
lampa
полка
etaseer
шкаф
bahe
телевизор
tele
камин
jaltinirgel cuurki
цветок
fuloor
подушка
njegenaaw
диван
fotooy
ваза
ciwirgal njaram
пульт дистанционного управления
deengol ko woɗɗi

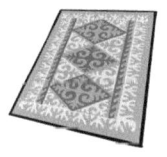

ковёр

tappi

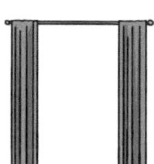

штора

rido

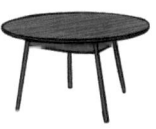

стол

taabal

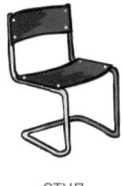

стул

jooɗorgal

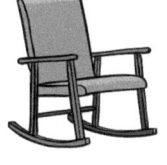

кресло-качалка

jooɗorgal timmungal

кресло

jooɗorgal tuggateengal

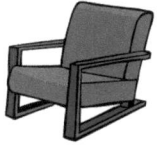

книга

deftere

покрывало

cuddirgal

украшение

jooɗnugol

дрова

leɗɗe kubbateeɗe

фильм

filmo

стереосистема

materiyel hi-fi

ключ

coktirgal

газета

kaayit kabaruuji

картина

pentirgol

плакат

posteer

радио

rajo

блокнот

teskorgel

пылесос

ɓoɗowel pusiyeer

кактус

kaktis

свеча

sondel

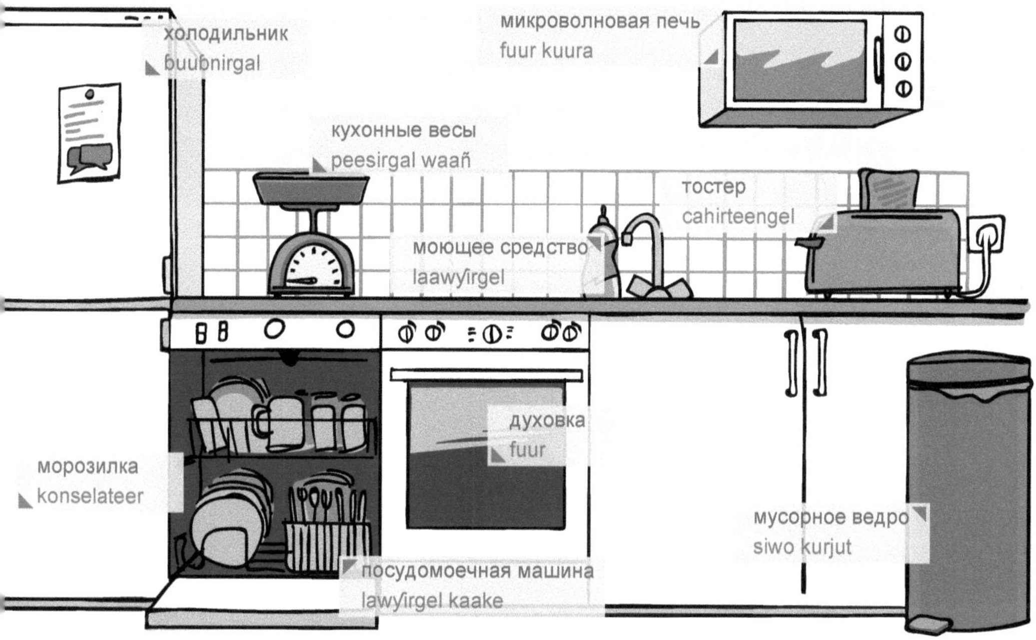

холодильник
buubnirgal

микроволновая печь
fuur kuura

кухонные весы
peesirgal waañ

тостер
cahirteengel

моющее средство
laawyirgel

духовка
fuur

морозилка
konselateer

посудомоечная машина
lawyirgel kaake

мусорное ведро
siwo kurjut

плита

fuurno

кастрюля

pot

чугунный котелок

barme

вок / кадай

kasorol

сковорода

kasorol

чайник

satalla

пароварка

suppere defirteende

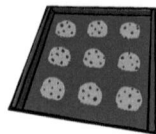

противень

pool defirteeɗo

посуда

lawyûgol kaake

кружка

pot jarduɗo

миска

suppeere

палочки для еды

ñibirgon ñaamdu

половник

kuddu luus

лопатка

kayit ɗakirteeɗo

сбивалка

iirtude

сито

ceɗirgel

сито

tame

тёрка

keefirgel

ступка

moññirgal

гриль

juɗgol

костёр

jeyngol e henndu

доска

coppirgal

скалка

degnirgel ñaamdu
feewnateendu

штопор

udditirgel butel

жестяная банка

buwaat

консервный нож

udditirgel buwat

прихватка

nangirgel pot

раковина

siimtude

щетка

boros

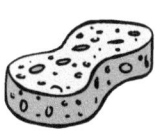

губка

eppoos

миксер

jiibirgel

морозильная камера

battowel galaas

бутылочка для кормления

jardugel tiggu

кран

robine

ванная комната
tarodde

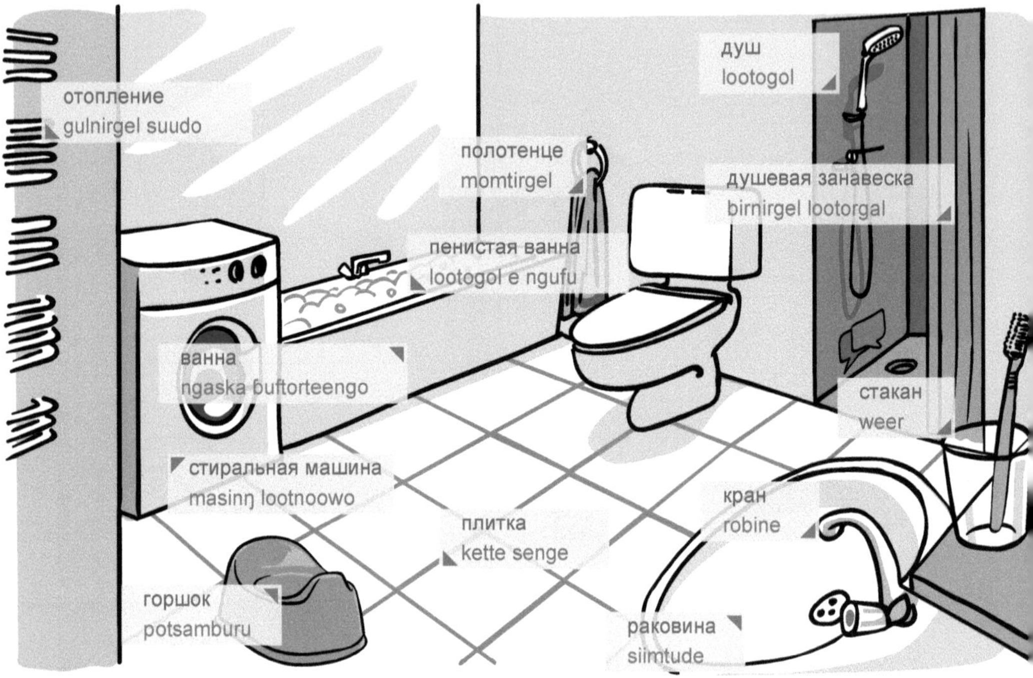

отопление
gulnirgel suudo
полотенце
momtirgel
душ
lootogol
душевая занавеска
birnirgel lootorgal
пенистая ванна
lootogol e ngufu
ванна
ngaska buftorteengo
стакан
weer
стиральная машина
masinŋ lootnoowo
кран
robine
плитка
kette senge
горшок
potsamburu
раковина
siimtude

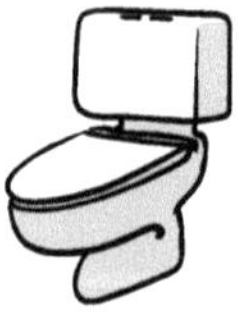

туалет

taarorde

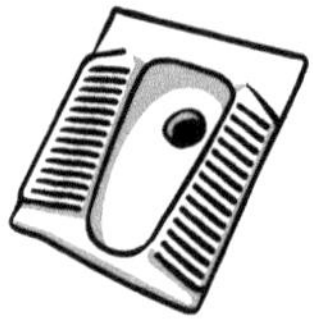

напольный унитаз

joɗorgal kuwirteengal

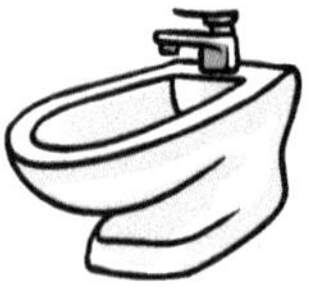

биде

biisirgel ndiyam

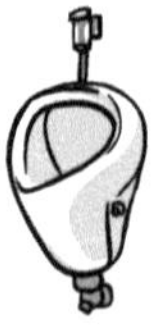

писсуар

taarodde

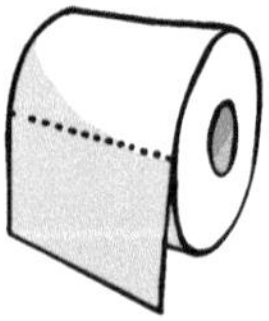

туалетная бумага

kaayit momtirɗo

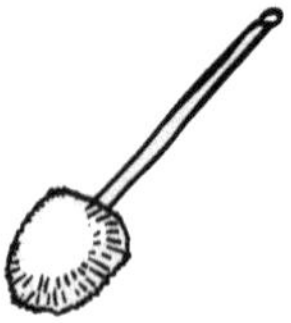

ершик

boros taarorde

зубная щетка

coccorgal ƴiiye

зубная паста

sabunde ƴiiye

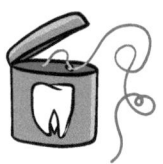

зубная нить

gaarowol ñiire

мыть

lawƴude

ручной душ

boggol lootirteengol

интимный душ

buftogol

таз

loowirteengel

щетка для спины

demirgel huɗo

мыло

sabunnde

гель для душа

saabunde buftorteende

шампунь

sampoye

мочалка

limsere wiro

сток

ciiygol

крем

kerem

дезодорант

uurnirgel

зеркало

daandorgal

ручное зеркало

daandorgal pamoral

бритва

pembirgel

пена для бритья

ngufu pembol

лосьон после бритья

moomiteengel pembol

расческа

yeesoode

щетка

boros

фен

joornirgel sukunndu

лак для волос

peewnirgel sukunndu

косметика

makiyaas

губная помада

joodîrgel toni

лак для ногтей

momtirgel cegeneeji

вата

garowol wiro

маникюрные ножницы

siso cegeneeji

духи

parfon

косметичка

waxande lootorgal

табуретка

kuudi

весы

peesirgal

халат

wutte cuftorteeɗo

резиновые перчатки

gaɲuuji dalli

тампон

momtirer ỹiiỹam ella

гигиеническая прокладка

kuus tiggu

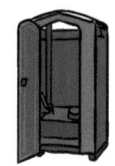

биотуалет

lootogol simik

детская комната

suudu sakaaɓe

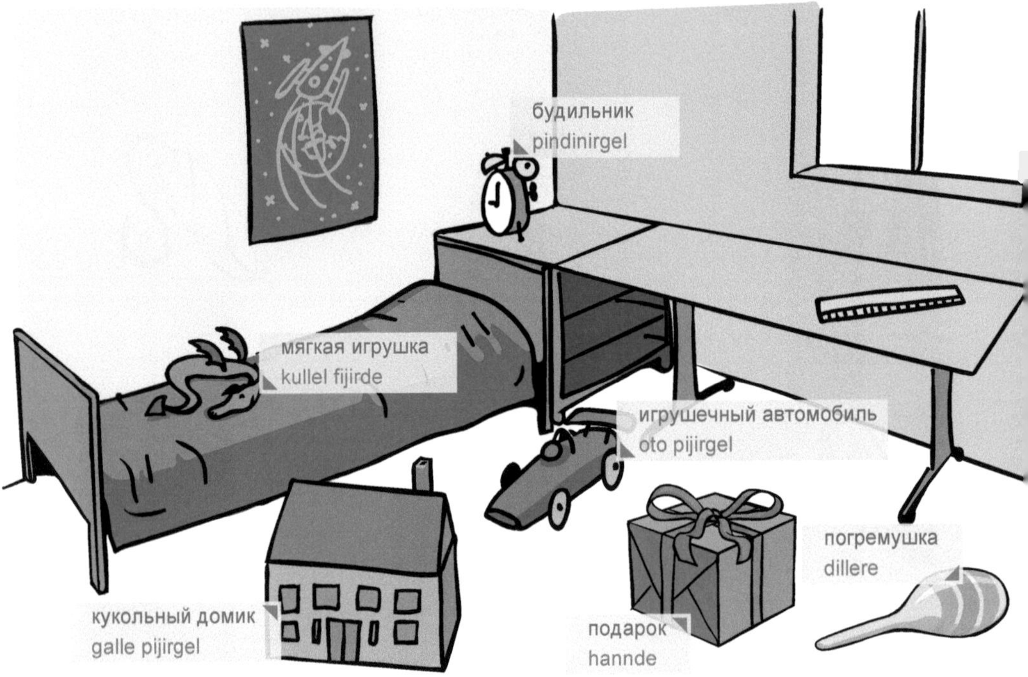
будильник
pindinirgel
мягкая игрушка
kullel fijirde
игрушечный автомобиль
oto pijirgel
погремушка
dillere
кукольный домик
galle pijirgel
подарок
hannde

воздушный шар

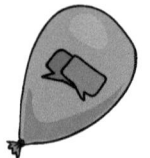

sumalle dalli

кровать

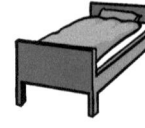

leeso

детская коляска

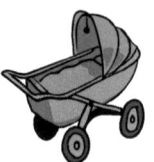

duñirgel tiggu

карточная игра

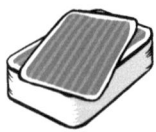

nokkere karte

пазл

fijirde lombondirgol

SUPER
MEGA

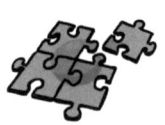

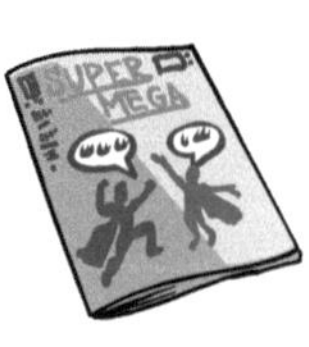

комикс

njalniika

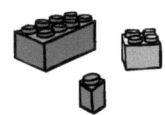

кирпичики Лего

pijirgel tuufeeje

кубики

tuufeeje

игрушечная фигурка

pijirgel

ползунки

comcol tiggu

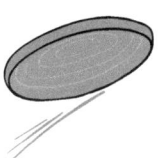

фрисби

palaat diwwoow

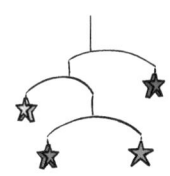

мобиле

noddirgel

настольная игра

pijirgel

кубик

dee

модель железной дороги

ñemtinirgel laana ndegoowa

соска

neɗɗo fuuunti

вечеринка

fijirde

книга с картинками

deftere nate

мяч

bal

кукла

puppe

играть

fijde

песочница

mbalka ceenal

качели

beeltirgal

игрушка

pijirgel

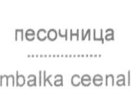

игровая приставка

pijiteengel see widewo

трёхколесный велосипед

welo biifi tati

плюшевый медвежонок

pijirgel kullel urs

шкаф для одежды

armuwaar

одежда

comcol

носки

kawase

чулки

kawase

колготки

tuubayon bittukon

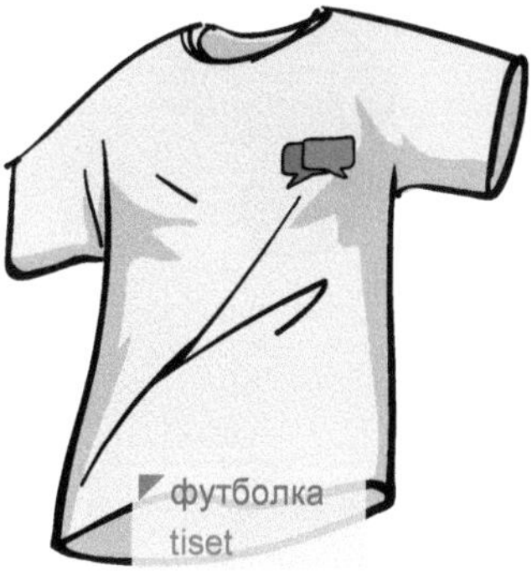

шарф
musuuro

ремень
dadorde

зонтик
paraseewal

футболка
tiset

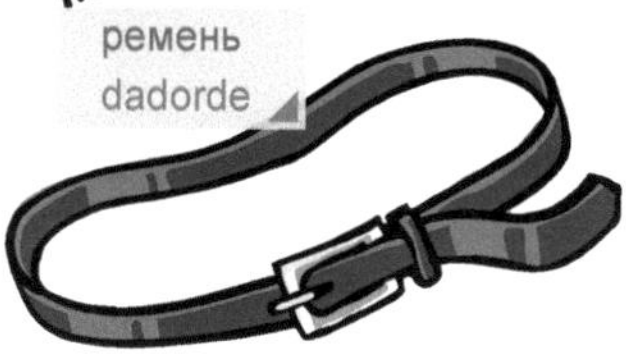

сапоги
paɗe toowɗe

тапки
paɗe suudu

кроссовки
paɗe bokkateeɗe

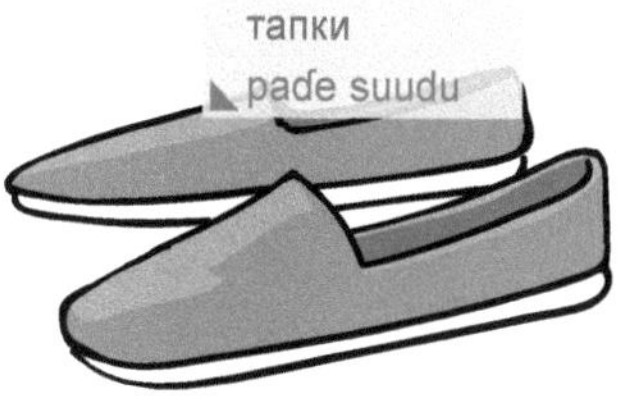

сандалии

paɗe diwa

ботинки

paɗe

резиновые сапоги

paɗɗe toowɗe lirotooɗe

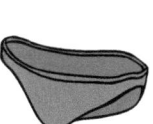

трусы

cakkirɗi

бюстгальтер

sucengors

майка

silet

боди

banndu

брюки

tuuba

джинсы

jiin

юбка

robbo

блузка

buluson

рубашка

simis

свитер

piliweer

свитер

weste nebbu

спортивная куртка

layset

жакет

jaget

пальто

weste juuɗɗo

плащ

wutte tobo

костюм

kostim

платье

robbo

свадебное платье

robbo yange

мужской костюм

weste

ночная сорочка

wutte baalduɗo

пижама

pijama

сари

sari

платок

muusooro

тюрбан

kaala

паранджа

kaala

кафтан

sabndoor

абайя

abbaay

купальник

comcol lumbirogol

плавки

cakkirɗi

шорты

kilot

спортивный костюм

joogin

фартук

limsere deffowo

перчатки

gaŋuuji

пуговица

boďďirgel

очки

lone

браслет

jawo

цепочка

cakka

кольцо

feggere

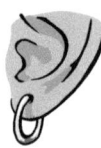

серьга

hootonde

шапка

laafa

вешалка

liggirgal weste

шляпа

laafa

галстук

karawat

застежка молния

zip

шлем

laafa ndeenka

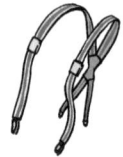

подтяжки

ganŋ

школьная форма

comcol duďal

форма

iniform

детский нагрудник

sarbetel daande

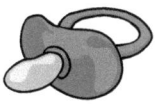

соска

neɗɗo fuuunti

подгузник

kuus

офис
gollirgal

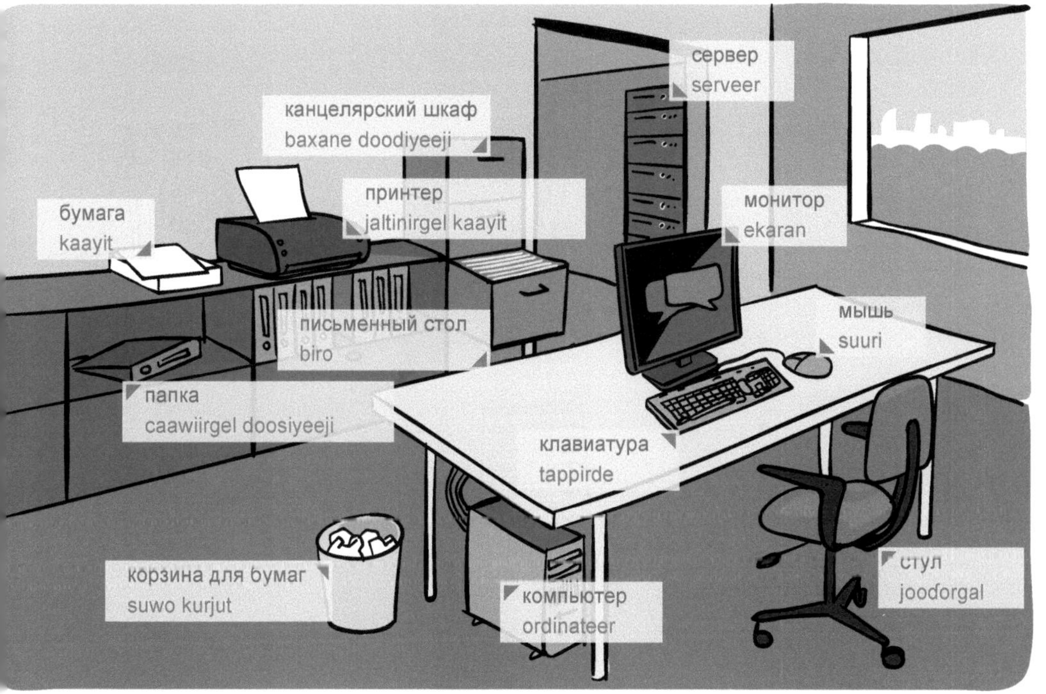

сервер
serveer

канцелярский шкаф
baxane doodiyeeji

принтер
jaltinirgel kaayit

монитор
ekaran

бумага
kaayit

письменный стол
biro

мышь
suuri

папка
caawiirgel doosiyeeji

клавиатура
tappirde

корзина для бумаг
suwo kurjut

компьютер
ordinateer

стул
jooɗorgal

кофейная кружка

kuppu kafe

калькулятор

qiimorgal

интернет

enternet

ноутбук

ordinateer beelnateeɗo

письмо

bataake

сообщение

bataake

мобильный телефон

noddirgel

сеть

reso

ксерокс

cottitirgel

программа

losisiyel

телефон

noddirgel

розетка

ceŋirgel boggol kuura

факс

masinŋ faks

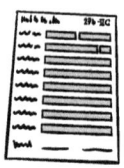

формуляр

mbaadi

документ

dokiman

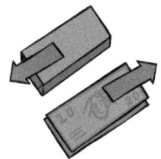

покупать
soodde

платить
soodde

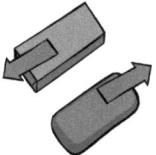

торговать
yeyde

деньги
kaalis

доллар
dolaar

евро
eroo

иена
yen

рубль
ruubal

франк
faran Siwis

жэньминьби юань
yuwaan renminbi

рупия
rupii

банкомат
masinŋ keestorɗo kaalis

пункт обмена валюты

nokku beccugol e neldugol

золото

kanŋe

серебро

kaalis

нефть

esaans

энергия

sembe

цена

coggu

договор

kontara

налог

taks

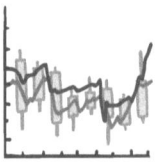

акция

marsandiss moftaaɗo

работать

gollude

служащий

gollinteeɗo

работодатель

gollinoowo

фабрика

isin

магазин

bitik

профессии
haajuuji

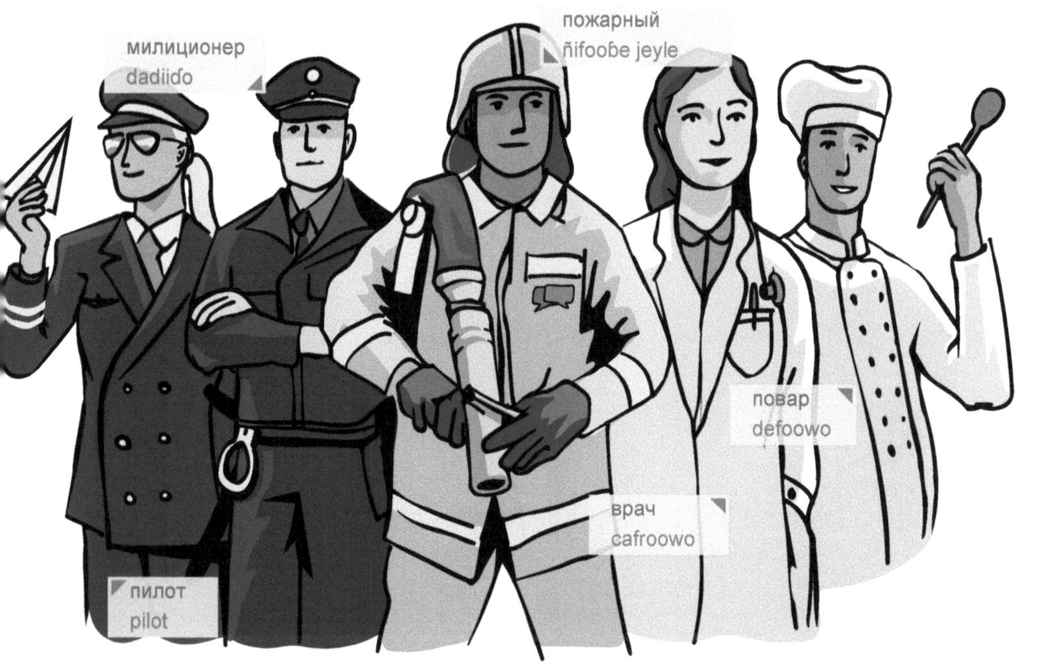
милиционер
dadiiɗo
пожарный
ñifooɓe jeyle
повар
defoowo
врач
cafroowo
пилот
pilot

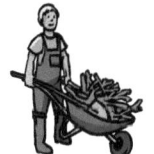

садовник

toppitiiɗo sardin

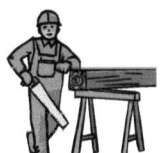

столяр

minise

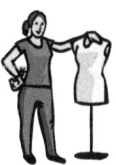

швея

ñootoowo

судья

ñaawoowo

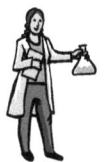

химик

simist e ɗemngal farayse

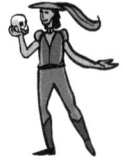

актёр

aktoor

водитель автобуса

dognoowo biis

таксист

dognoowo taksi

рыбак

gawoowo

уборщица

pittoowo

кровельщик

cengirɗe huɓeere

официант

carwoowo

охотник

daddoowo

художник

pentiroowo

пекарь

piyoowo mburu

электрик

gollowo kuura

строитель

mahoowo

инженер

enseñeer

мясник

jeyoowo teew keso

сантехник

polombiyer

почтальон

nawoowo ɓatakuuji

солдат

kooninke

архитектор

diidoowo ɓahanteeri

кассир

kestotooɗo

флорист

jeyoowo fuloraaji

парикмахер

mooroowo

кондуктор

dognoowo

механик

mekanisiyenŋ

капитан

kapiteen

зубной врач

cafroowo ɲiiɲe

ученый

miijotooɗo

раввин

kellifaaɗo diine to israayel

имам

imaam

монах

muwaan e e ɗemngal farayse

священник

kellifaaɗo diine heerereeɓe

инструменты
kuutorɗe

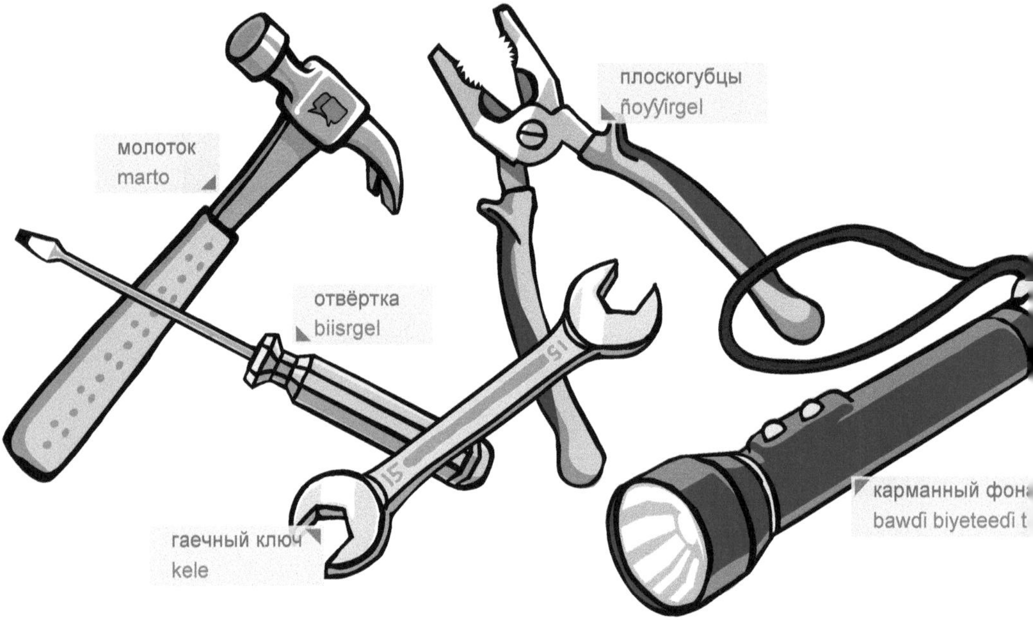
плоскогубцы
ñoyƴirgel
молоток
marto
отвёртка
biisrgel
карманный фон
bawɗi biyeteeɗi t
гаечный ключ
kele

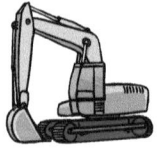

экскаватор

pikku

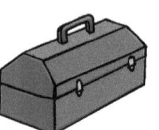

ящик для инструментов

baxanel kaɓorɗe

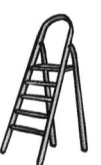

стремянка

ŋabbirgal

пила

taƴirgal

гвозди

ƴibirɗe

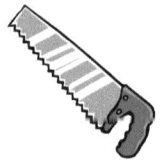

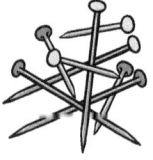

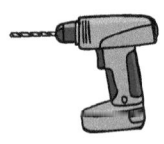

дрель

julirgal

ремонтировать

fewnitde

лопата

nokkirgel

Блин!

Soo!

совок

boftirgel kurjut

ведро с краской

pot penttiir

винты

wiisuuji

музыкальные инструменты
kongirgon misik

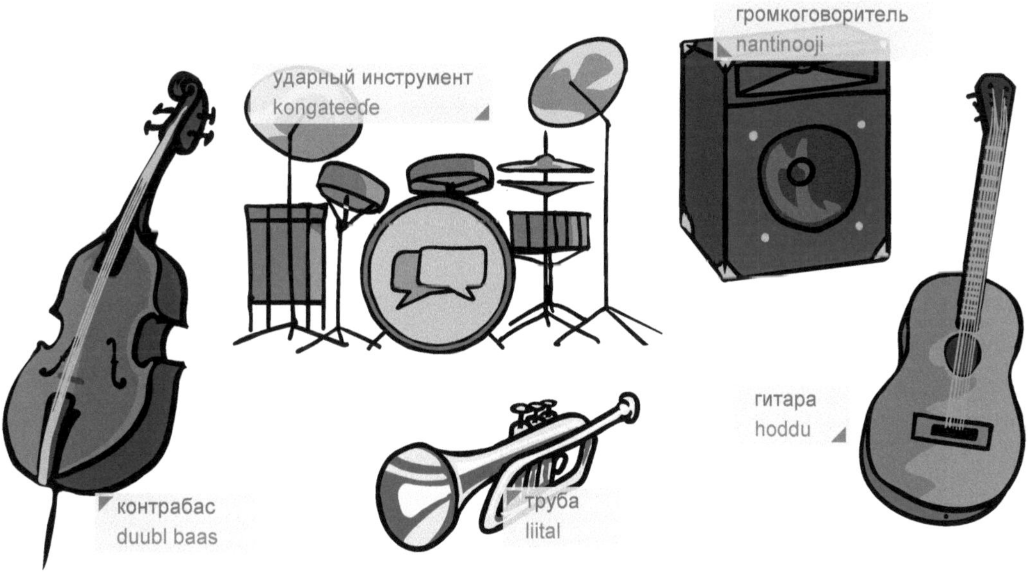

громкоговоритель
nantinooji

ударный инструмент
kongateede

контрабас
duubl baas

труба
liital

гитара
hoddu

пианино

piayaano

скрипка

wiyolon

бас-гитара

baas

литавры

bowɗi biyeteeɗi timpani

барабан

bawɗi

синтезатор

tappirgal

саксофон

saksofoon

флейта

nguurdu

микрофон

mikoro

зоопарк

nokku kullon

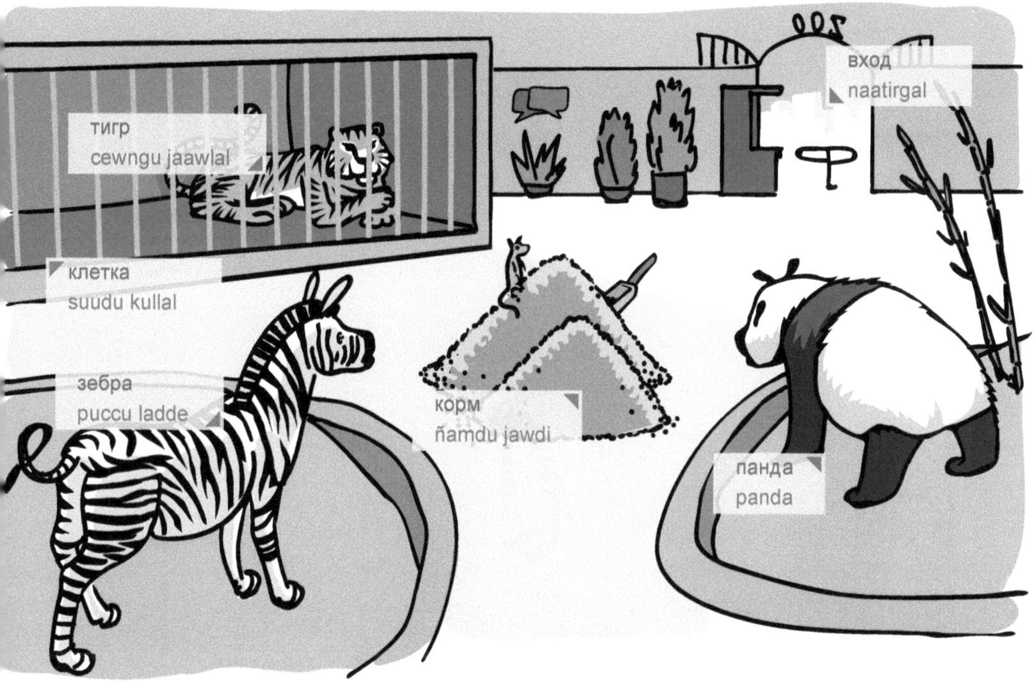
тигр
cewngu jaawlal
вход
naatirgal
клетка
suudu kullal
зебра
puccu ladde
корм
ñamdu jawdi
панда
panda

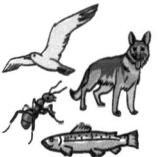

животные

kulle

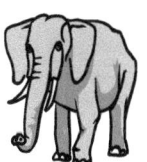

слон

ñiiwa

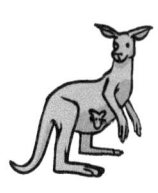

кенгуру

kanguru

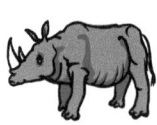

носорог

rinoseros

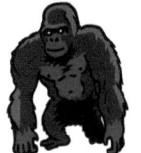

горилла

waandu mowndu

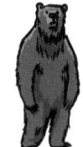

медведь

urs

верблюд

ngelooba

страус

sundu burndu mownude

лев

mbaroodi

обезьяна

waandu

фламинго

ñaaral pural

попугай

seku

белый медведь

urso galaas

пингвин

liingu wiyeteendu penguwe

акула

lingu reke

павлин

ndiwri wiyeteendu pawon

змея

laadoori

крокодил

nooro

служитель зоопарка

deenoowo zoo

тюлень

togoori ndiyam wiyeteendu
fok e farayse

ягуар

cewngu

пони

molu

леопард

cewngu

бегемот

ngabu

жираф

njabala

орёл

ciilal

кабан

mbabba tugal

рыба

liingu

черепаха

heende

морж

kullal biyeteengal morse

лиса

renaar

газель

lella

американский футбол
Fuggukoyngel Amerknaaɓe

езда на велосипеде
dognugol welo

теннис
tenis

баскетбол
beysbol

плавание
lumbagol

бокс
boks

хоккей
fuggukoyngel e galaas

футбол
Fuggukoyngel

бадминтон
badminton

лёгкая атлетика
atelettuuji

гандбол
hanbol

лыжный спорт
fijirɗe deggol e nees

поло
polo

действия
golle

смеяться
jalde
прыгать
diwde
обнимать
ɓuucaade
идти
yaade
петь
yimde
мечтать
hoyɗitaade
молиться
juulde
целовать
ɓuucaade

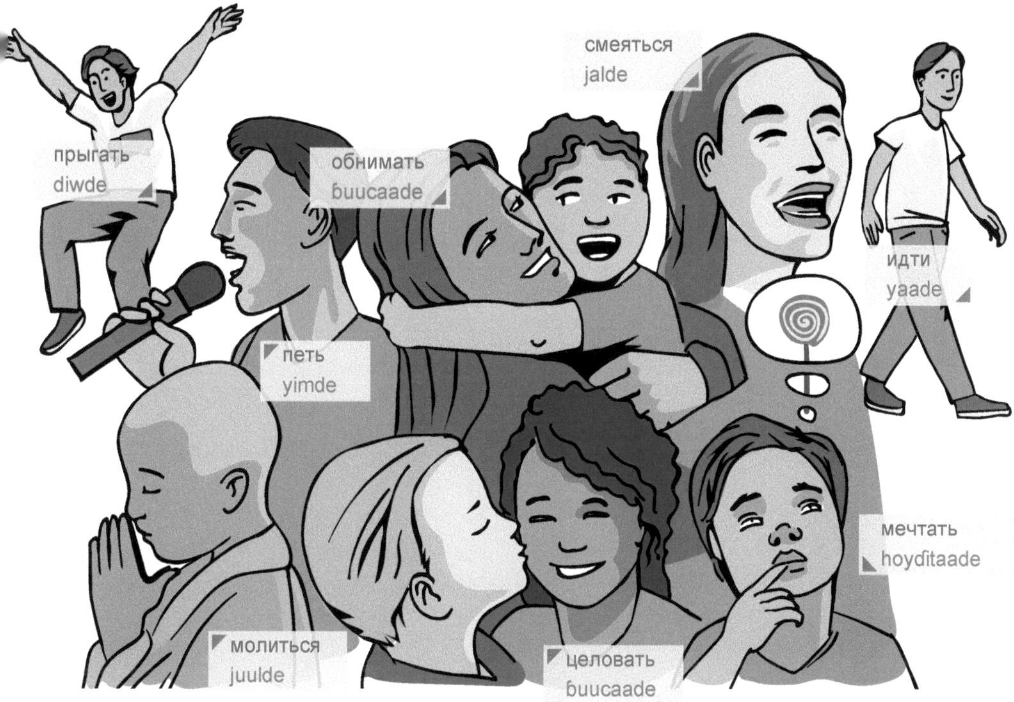

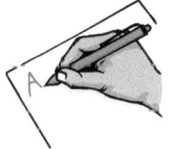

писать

windude

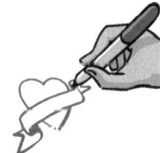

рисовать

siifde

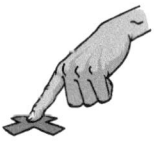

показывать

hollude

нажимать

duñde

давать

rokkude

брать

ƴettude

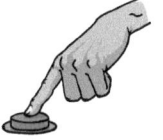

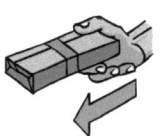

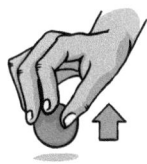

иметь

deñde

делать

waďde

быть

wonde

стоять

ummaade

бежать

dogde

тянуть

fooďde

бросать

weddaade

падать

yande

лежать

fende

ждать

sabbaade

носить

roondaade

сидеть

jooďaade

надевать

boornaade

спать

ďaanaade

просыпаться

finde

рассматривать

ẏeewde

плакать

woyde

гладить

helde

причесывать

yeesaade

говорить

haalde

понимать

faamde

спрашивать

naamnaade

слушать

heɗaade

пить

yarde

кушать

ñaamde

наводить порядок

hawrinde

любить

yiɗde

готовить

defde

ехать

dognude

летать

diwde

ходить под парусом

awÿude

считать

qimaade

читать

jangude

учиться

jangude

работать

gollude

вступать в брак

resde

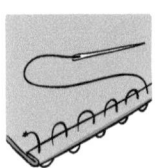

шить

ñootde

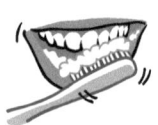

чистить зубы

soccaade ÿiiÿe

убивать

warde

курить

simmaade

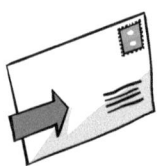

отправлять

neldude

семья
ɓesngu

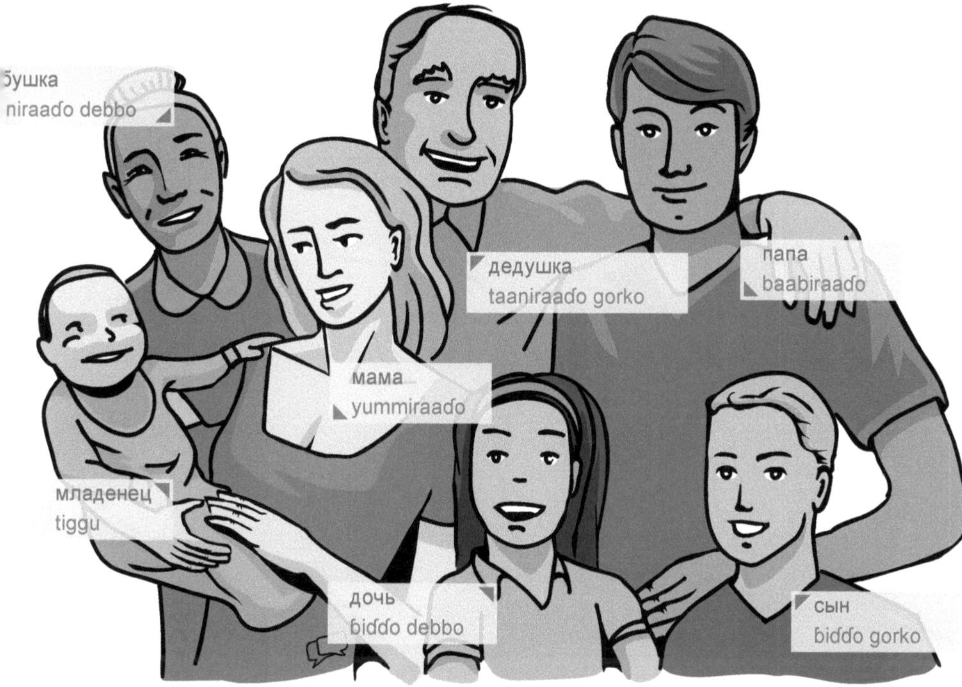
бушка
niraaɗo debbo
дедушка
taaniraaɗo gorko
папа
baabiraaɗo
мама
yummiraaɗo
младенец
tiggu
дочь
biɗɗo debbo
сын
biɗɗo gorko

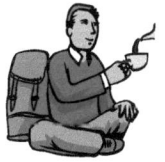

гость
kodo

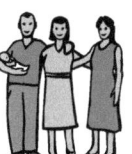

тетя
goggiraaɗo

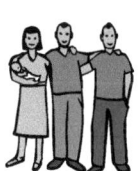

дядя
kaawiraaɗo

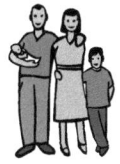

брат
mowniraaɗo gorko

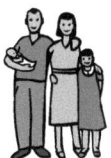

сестра
mowniraaɗo debbo

тело
ɓandu

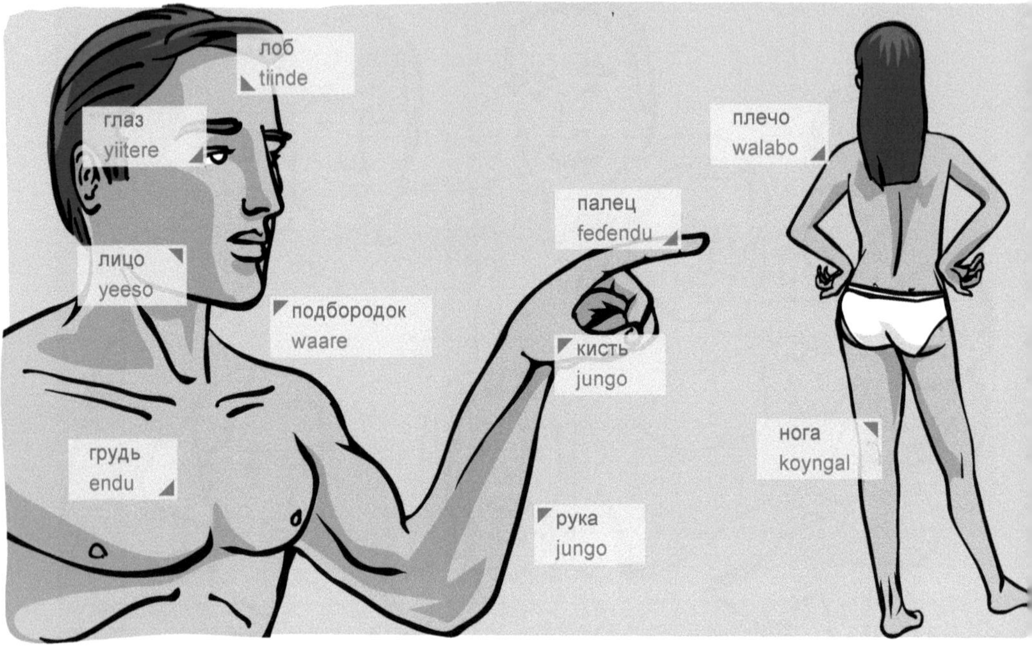

лоб
tiinde
глаз
yiitere
плечо
walabo
палец
feɗendu
лицо
yeeso
подбородок
waare
кисть
jungo
нога
koyngal
грудь
endu
рука
jungo

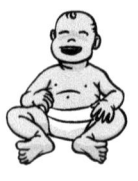

младенец

tiggu

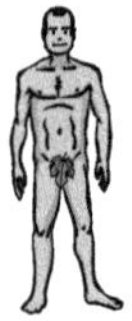

мужчина

gorko

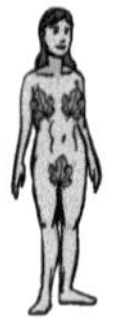

женщина

debbo

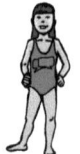

девочка

deftere kongoli

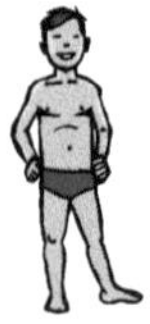

мальчик

suka gorko

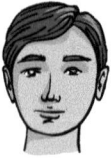

голова

hoore

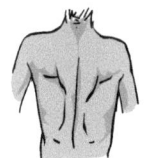

спина

keeci

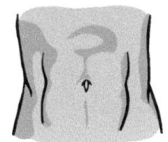

живот

reedu

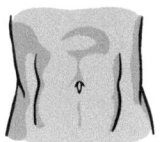

пупок

wuddu

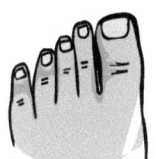

палец ноги

feɗendu koyngal

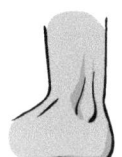

пятка

jabborgal

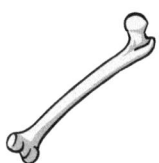

кость

ƴiyal

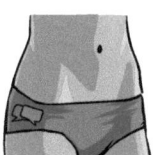

бедро

rotere

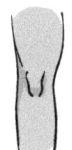

колено

hofru

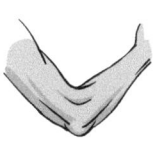

локоть

salndu junngu

нос

hinere

ягодицы

dote

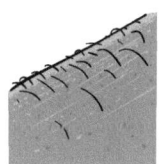

кожа

nguru

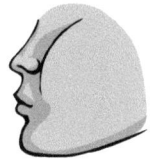

щека

abbulo

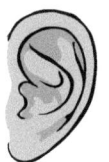

ухо

nofru

губа

tonndu

тело - ɓandu

рот

hunuko

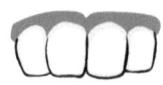

зуб

ñiire

язык

ɗemngal

мозг

ngaandi

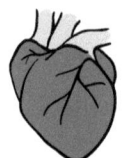

сердце

bernde

мышца

ƴiyal

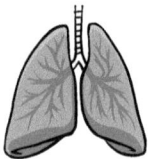

лёгкое

wecco

печень

heeñere

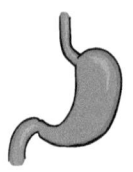

желудок

estoma

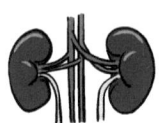

почки

tekteki mawni

половой акт

terɗe

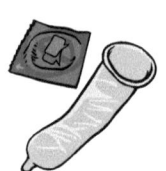

презерватив

laafa ndeenka

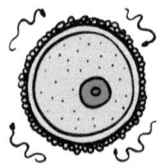

яйцеклетка

boccoonde maniya

сперма

maniya

беременность

reedu

тело - bandu

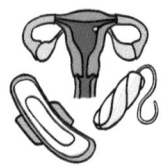

менструация

ŷiiŷam ella

вагина

farja

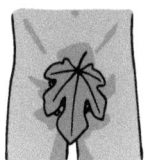

пенис

kaake

бровь

leebi dow yiitere

волосы

sukunndu

шея

daande

больница
suudu safirdu

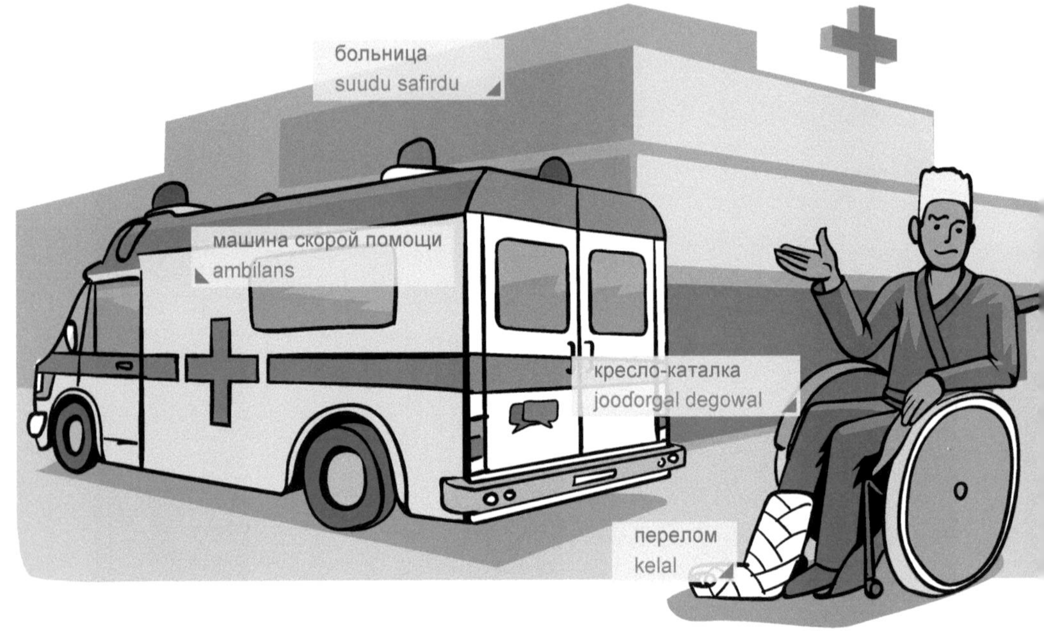

больница
suudu safirdu
машина скорой помощи
ambilans
кресло-каталка
jooɗorgal degowal
перелом
kelal

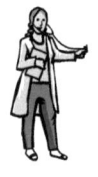

врач

cafroowo

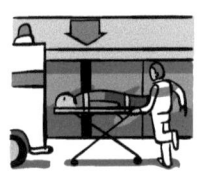

пункт первой помощи

suudo irsaans

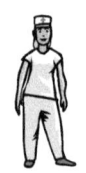

медсестра

cafroowo

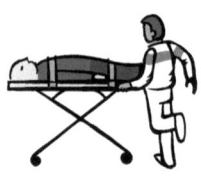

неотложный случай

irsaans

без сознания

paɗɗiiɗo

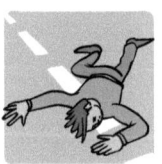

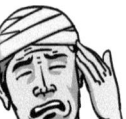

боль

muuseeki

повреждение

gaañande

кровотечение

tuyƴude

инфаркт

bernde dartiinde

инсульт

darogol bernde

аллергия

alersi

кашель

ɗojjugol

повышенная температура

nguleeki bandu

грипп

maɓɓo

понос

reedu dogooru

головная боль

muuseeki hoore

рак

kanser

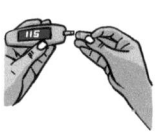

диабет

jabet

хирург

operasiyon

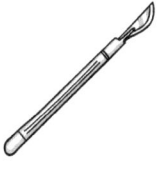

скальпель

ceekirgel

операция

operasiyon

КТ
CT

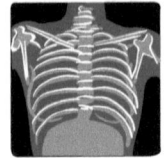

рентген
reyon-x

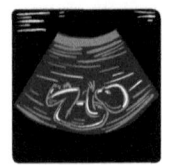

ультразвук
iltarason

маска
mask yeeso

болезнь
ñaw

приёмная
suudu sabbordu

костыль
sawru tuggorgal

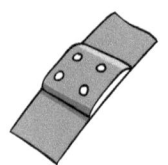

пластырь
palatar

бинт
bandaas

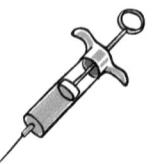

укол
pikkitagol

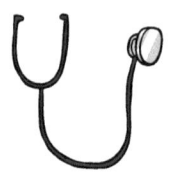

стетоскоп
keɗirgel dille bandu

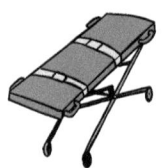

носилки
balankaaru

термометр
betirgel nguleeki banndu

рождение
jibinegol

избыточный вес
bandu burtundu

слуховой аппарат

ballotirgel nonooje

дезинфекционное средство

desefektan

инфекция

infeksiyon

вирус

viris

ВИЧ / СПИД

HIV / SIDA

лекарство

safaara

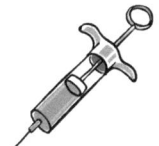

прививка

ñakko

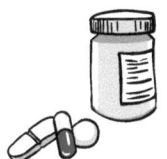

таблетки

tabletuuji

противозачаточная таблетка

fodɗere

экстренный вызов

noddaango heñoraango

прибор для измерения кровяного давления

betirgel dogdu ɣiiɣam

больной / здоровый

sellaani / salli

Помогите!

Paaboɗe!

нападение

jangol

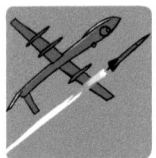

атака

yande e

опасность

musiiba

запасной выход

damal dandirgal

сигнал тревоги

tintinirgel

огнетушитель

ñifirgel jeynge

несчастный случай

aksida

Пожар!

Paaboɗe!

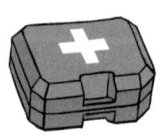

аптечка

geɗe cafrorɗe gadane

SOS

BALLAL

милиция

Polis

Европа

Erop

Северная Америка

Amerik to Rewo

Южная Америка

Amerik to Worgo

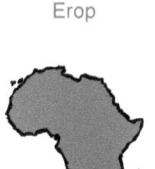

Африка

Afiriki

Азия

Asi

Австралия

Ostarali

Атлантический океан

Atalantik

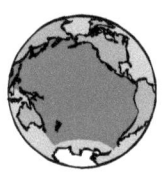

Тихий океан

Pasifik

Индийский океан

Oseyan Enje

Антарктический океан

Oseyan Antarktik

Северный Ледовитый океан

Osean Arkatik

Северный полюс

Bange Rewo

Южный полюс

Bange Worgo

Антарктика

Antarktik

земля

Leydi

суша

leydi

море

maayo mawngo

остров

wuro nder ndiyam

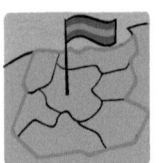

нация

leydi

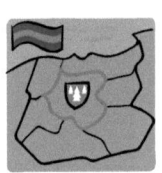

государство

jamaanu

циферблат

yeeso montoor

часовая стрелка

misalel waqtu

минутная стрелка

misalel hojomaaji

секундная стрелка

misalel majanɗe

Который час?

Hol waqtu jonɗo?

день

ñalawma

время

saha

сейчас

jooni

электронные часы

montoor disitaal

минута

hojom

час

waqtu

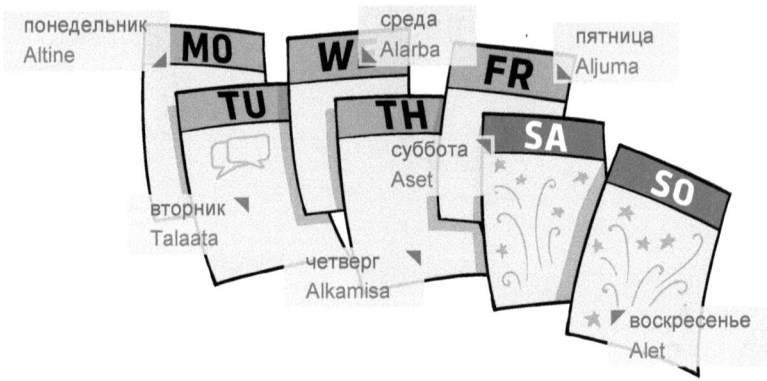

понедельник
Altine — **MO**

среда
Alarba — **W**

пятница
Aljuma — **FR**

TU

TH

вторник
Talaata

суббота
Aset — **SA**

SO

четверг
Alkamisa

воскресенье
Alet

вчера

hanki

сегодня

hande

завтра

jango

утро

subaka

полдень

beetawe

вечер

kikiiđe

рабочие дни

ñalawmaaji golle

выходные

ñalamaaji fooftere

год
hitaande

дождь
tobo
радуга
timtimol
ветер
hendu
снег
nees
весна
caggal dabbunde
осень
dabbunde
лето
ndungu
зима
dabbunde

4.APRIL 11°
5.APRIL 4°
6.APRIL 13°
7.APRIL 8°
8.APRIL 10°

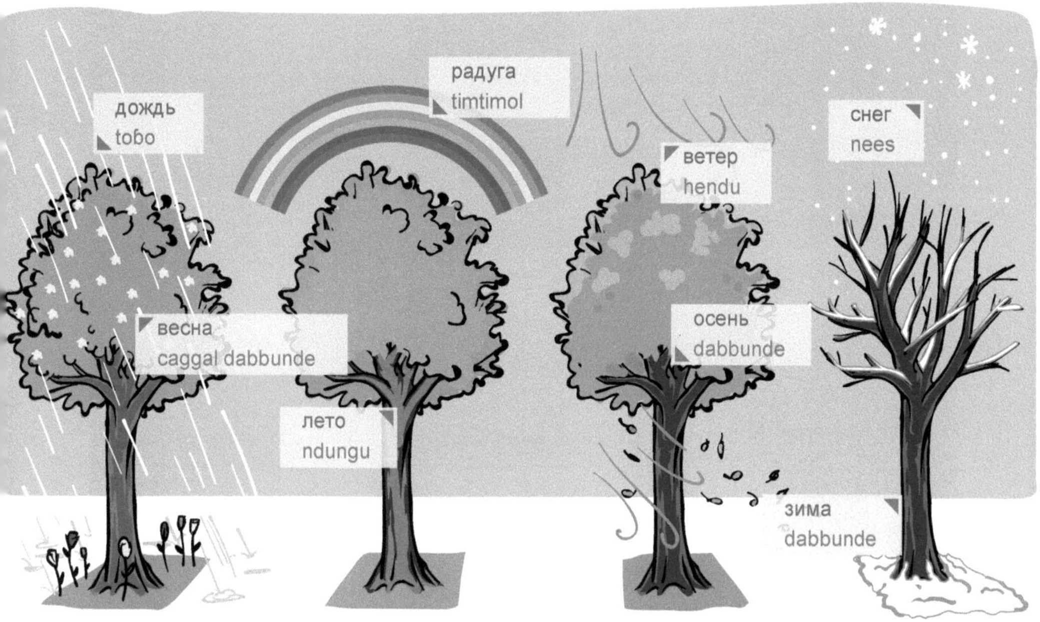

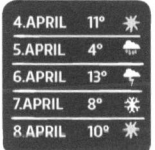

прогноз погоды
....
kabrugol geɗe weeyo

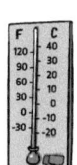

F C
120 40
90 30
60 20
30 10
0 0
-30 -10
-20

термометр
....
ɓetirgal nguleeki

солнечный свет
....
nguleeki naange

туча
....
duulal

туман
....
niɓɓere niwri

влажность воздуха
....
ɓuuɓol

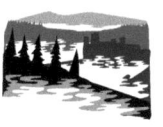

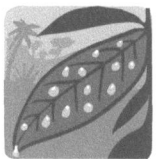

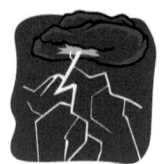

молния

majaango

гром

gidango

буря

hendu yaduungo e gidaali

град

tobo mawngo

муссон

keneeli mawɗi

наводнение

tobo yooloongo

лёд

galaas

январь

Janwiye

февраль

Feeviriye

март

Mars

апрель

Awril

май

Me

июнь

Suwe

июль

Suliye

август

Ut

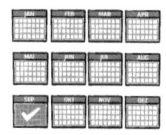

сентябрь

Setanbar

октябрь

Oktobar

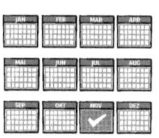

ноябрь

Noowambar

декабрь

Desambar

формы

Mbaadi

круг

taariɗum

квадрат

bangeeji potɗi

прямоугольник

rektangal

треугольник

tiriyangal

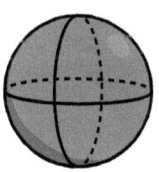

шар

esfeer

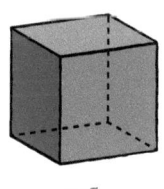

куб

kib

белый

deneejo

желтый

puro

оранжевый

oraas

розовый

roos

красный

boɗeejo

лиловый

yolet

синий

bulaajo

зелёный

werte

коричневый

baka

серый

giri

черный

ɓaleejo

много / мало

heewi / famɗi

яростный / мирный

mittinɗo / deeyɗo

красивый / уродливый

yooɗi / soofi

начало / конец

fuɗɗorde / gasirde

большой / маленький

mawni / famɗi

светлый / темный

leeri / ɗibbiɗi

брат / сестра

mawniraaɗo gorko / debbo

чистый / грязный

laabi / tulmi

полный / неполный

timmi / manki

день / ночь

ñalawma / jamma

мёртвый / живой

mayi / wuuri

широкий / узкий

yaaji / bitti

съедобный / несъедобный

ñaame / ñaametaake

злой / дружелюбный

bonɗum / moƴƴi

взволнованный / скучающий

weelti / deeƴi

толстый / худой

butto / cewɗo

сначала / в конце

gadiiɗo / cakkitiiɗo

друг / враг

sehil / gaño

полный / пустой

heewi / bolɗi

твёрдый / мягкий

tiiɗi / hoyi

тяжёлый / лёгкий

teddi / hoyi

голод / жажда

heege / ɗomka

больной / здоровый

sellaani / salli

незаконный / законный

dagaaki / dagi

умный / глупый

ƴoƴi / ƴiƴaani

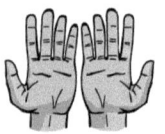

слева / справа

ñaamo / nano

близко / далеко

badi / woɗɗi

новый / подержанный

keso / kiiɗɗo

ничто / нечто

haydara / huunde

старый / молодой

nayeeji / suka

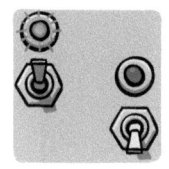

включено / выключено

ne heen / ala heen

открыто / закрыто

udditi / uddi

тихо / громко

deeу̃i / dilla

богатый / бедный

galo / baasɗo

правильный /
неправильный
feewi / feewaani

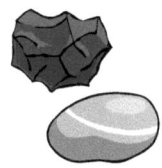

шероховатый / гладкий

tekki / ɗaati

печальный / счастливый

suni / weelti

короткий / длинный

daɓɓo / jutɗo

медленный / быстрый

leeli / yaawi

мокрый / сухой

leppi / yoori

тёплый / прохладный

wuli / ɓuuɓi

война / мир

hare / jam

0

ноль

meere

1

один

goo

2

два

ɗiɗi

3

три

tati

4

четыре

nay

5

пять

joy

6

шесть

jeegom

7

семь

seeɗiɗi

8

восемь

jeetati

9

девять

jeenay

10

десять

sappo

11

одиннадцать

sappo e goo

12

двенадцать

sappo e ɗiɗi

13

тринадцать

sppo e tati

14

четырнадцать

sappo e nay

15

пятнадцать

sappo e joy

16

шестнадцать

sappo e jeeɠom

17

семнадцать

sappo e jeeɗiɗi

18

восемнадцать

sappo e jeetati

19

девятнадцать

sappo e jeenay

20

двадцать

noogas

100

сто

teemedere

1.000

тысяча

ujunere

1.000.000

миллион

miliyonŋ

английский

Angale

американский английский

Angale Amerik

мандаринский китайский

Mandare Siin

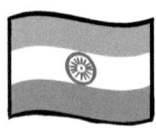

хинди

Indo

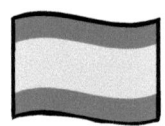

испанский

Español

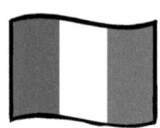

французский

Farayse

арабский

Arab

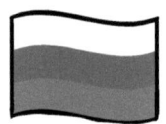

русский

Riis

португальский

Portige

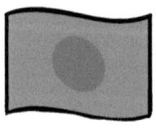

бенгальский

Bengali

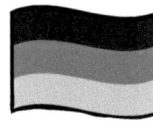

немецкий

Alma

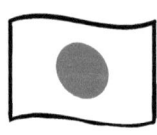

японский

Sappone

я

miin

ты

ann

он / она / оно

kanŋko / kanŋko / kañum

мы

minen

вы

onon

они

kamɓe

кто?

holi oon?

что?

hol đum?

как?

hol no?

где?

hol toon?

когда?

mande?

имя

innde

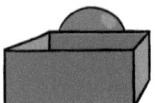

за

caggal

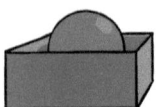

в

nder

перед

yeeso

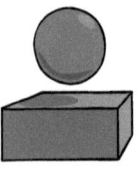

над

hedde

на

dow

под

les

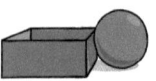

рядом

sara

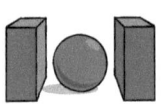

между

hakkunde

место

nokku